PREFAZIONE DI PIERRE CLOSTERMANN

Uscire dallo stile spogliato del fumetto di F. Bergèse, il cui disegno lineare è perfetto, per essere un'opera d'arte con rilievi vivi e volumi a colori, è stata una sfida.

Ma è così che Manuel Perales riuscì, con il pennello, ad animare il Gran Circo con

una vita strana, così vicina alla realtà, e con un'attenzione meticolosa ai dettagli, oggetti, materiali, persone e fatti. !

Ammetto di essere rimasta sorpresa quando ho ammirato le prime immagini e le ho confrontate con i miei ricordi.

Un combattimento aereo è già molto difficile da rivivere attraverso un testo scritto e parole che spesso tradiscono il pensiero, ma tanto più per l'immagine dipinta su carta, che, per la forza delle cose, spesso si oppone a quella che si custodisce nella memoria.

Miracolosamente, non è questo il caso, al contrario.

Gli aerei quando volano hanno un'estetica sottile, molto diversa dal loro stato statico sul suolo, ed è qui che risiede la superiorità del risultato disegnato sulla foto.

Il mio amico Manuel, attraverso il lavoro di un benedettino, ha prodotto queste decine di pagine in tredici anni. Veniva sempre a mostrarmeli mentre li dipingevo. Se non coincidevano con la mia memoria visiva, li ricominciavo alla perfezione.

Il suo Gran Circo è eccezionale perché è il complemento perfetto per le centinaia di miliardi o milioni di copie del mio libro, e ringrazio Manuel per averlo fatto così bene.

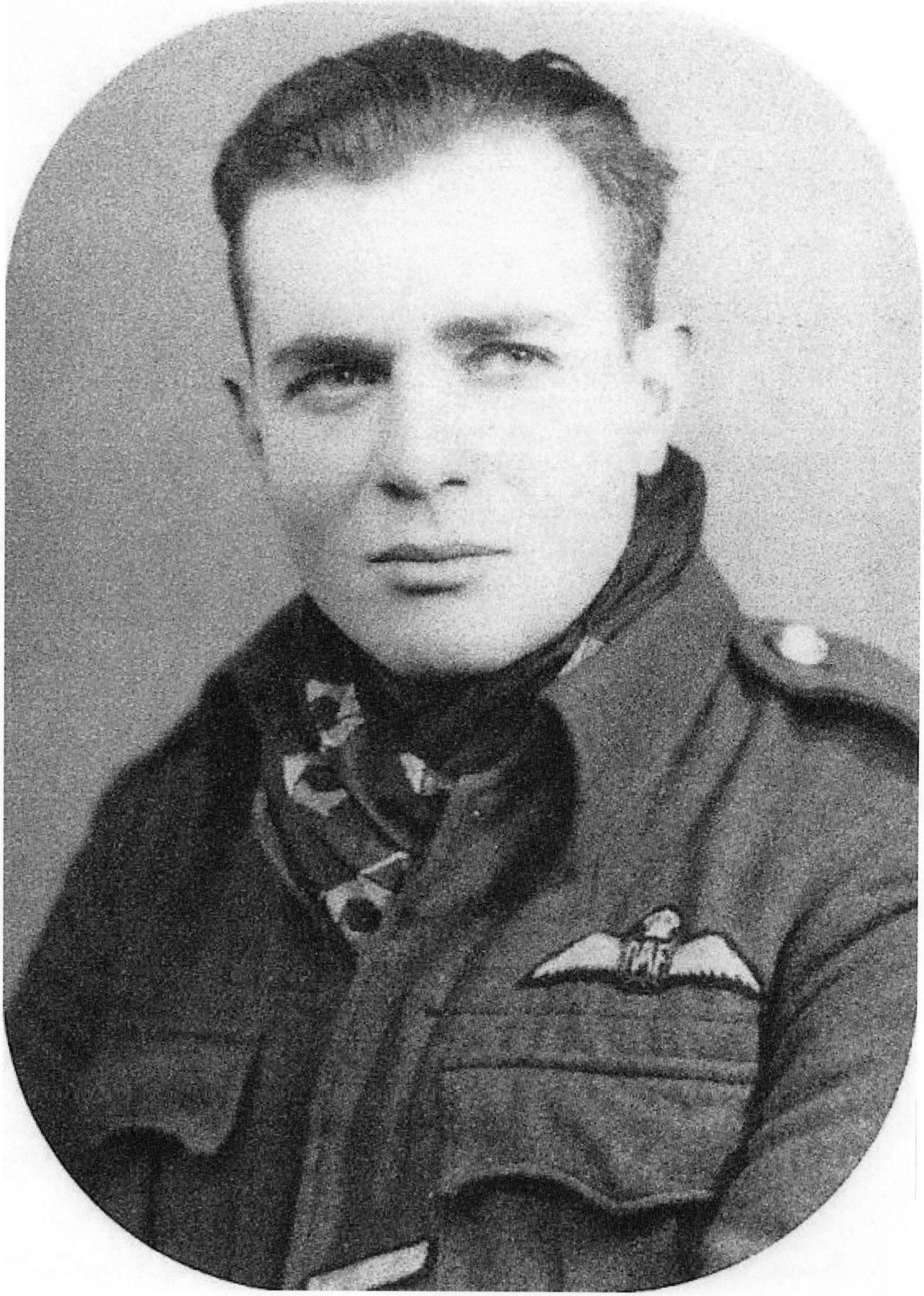

TENENTE COLONNELLO PIERRE CLOSTERMANN
(R.A.F N° 30973)

Pierre Clostermann, unico figlio di genitori francesi, è nato il 28 febbraio 1921 a Curitiba, in Brasile. All'età di nove anni, fu mandato dai suoi genitori a studiare a Parigi, dove viveva il resto della sua famiglia. Nel 1935, riceve il suo primo volo e molto rapidamente nasce la sua vocazione per l'aviazione.

Tornato in Brasile, decise di diventare pilota e si iscrisse all'Aero Club del Brasile, finanziando i suoi studi scrivendo articoli aeronautici per un'importante rivista brasiliana. Durante la sua formazione, fu introdotto al volo dal famoso pilota acrobatico Karl Benitz, e ottenne la sua licenza di pilota il 27 novembre 1937.

L'anno seguente, ottenne una borsa di studio per studiare ingegneria aeronautica a San Diego, in California, contemporaneamente al suo addestramento di pilota commerciale.

Allo scoppio della guerra nel 1939, si offrì volontario per servire il suo paese, ma a causa della sua giovane età, diciotto anni, l'ambasciata francese a Rio respinse la sua domanda. Approfittò dell'attesa per completare i suoi studi alla Ryan School e ottenne i suoi diplomi di ingegnere aeronautico e pilota commerciale americano. Il 18 marzo 1942, sbarcò a Liverpool per unirsi alle forze francesi libere del generale de Gaulle.

Dopo il necessario periodo di conversione e di addestramento, andò in missione, e si distinse rapidamente nel gruppo "Alsace" e nelle successive squadriglie della R.A.F., diventando uno dei più grandi "Aces" dell'aviazione alleata, con la distinzione di "Premier Chasseur de France".

Pierre CLOSTERMANN
e Manuel PERALES
Montesquieu-des-Albères (Francia) 1998

IL GRANDE CIRCO III

Luglio 1944-Agosto 1945

Sceneggiatura originale: Pierre Clostermann
Adattamento e illustrazioni: Manuel Perales

I primi giorni di luglio si susseguono, così come le mie ultime missioni nella 602...

Io e Jacques formiamo una grande squadra di amici con Hook, Penny, Blair, Manson e Jimmy Kelly, un inglese assolutamente affascinante che diventerà uno dei miei migliori amici.

Luglio 1944. 17 h 30. Guidati dal Wing.Co Claude Stewart, attacchiamo un convoglio di camion nelle vicinanze di Bény-Bocage. Volo con Jimmy come n°2, Bruce Dumbrell n°3, e Moose Manson, n°4...

Pronto! Pierre Due aerei a ore 11!

Sono caccia Focke-Wulfs-190. Avverto Stewart, che non risponde. Ordino di sganciare i serbatoi supplementari e acceleriamo.

Inizio una salita molto ripida per portarci in una posizione di combattimento.
Ci vedono e salgono verso di noi.
Allo stesso tempo Stewart e il suo numero 2 ci passano davanti come ciechi. Schivo l'attacco, ma la formazione è rotta....

Audacemente, i due crucchi attaccano verticalmente. Sono molto forti.
Con l'errore di Stewart, ho perso il mio vantaggio iniziale. Mi giro disperatamente, in tempo per vedere un'enorme esplosione a terra... un'ala di Sptifire strappata che rimbalza...

Il Focke-Wulf torna su di me, male, scivolando, sono costretto a rilasciare così forte che mi blocco e recupero solo con un mezzo giro molto rischioso, con il cuore tra i denti.
Riprendo quota con un Immelmann.

"Ciao, sezione Red Max! Questo è Red 2! Per favore, aiutatemi, mi hanno preso!"

È Jimmy che chiede aiuto...

Attacco il kraut che scorre così forte che lo sto quasi toccando senza essere in grado di ottenere un sufficiente angolo di fuoco. Attenzione! Qesto ragazzo conosce i trucchi del mestiere ....

I Focke-Wulf sono scomparsi. In quel momento, davanti a me, vedo uno Spitfire che plana, con l'elica al minimo. Dai suoi radiatori forati fuoriesce una lunga nuvola di glicole in fiamme...

Ciao! Jimmy, Stai bene?

Nessuna risposta. Nell'abitacolo, posso solo scorgere una vaga forma accartocciata, collassata sulla cloche, e dietro, nella fusoliera, una serie di lacerazioni a goccia...

Salta, Jimmy! Vi supplico, per amore di Dio, salta!

Vorrei fare qualcosa, per aiutarlo, non assistere impotente alla fine di un buon amico... Lentamente, lo Spitfire comincia a immergersi sempre di più, come se volesse fare un "Outside loop"

Chiudo gli occhi, una nausea amara in gola... non resta che l'inferno sul ciglio della strada. Sulla via del ritorno, sento le lacrime che mi scendono sulle guance ed è tutta colpa di Claude Stewart. Spero che Dumbrell sia tornato. Oh Dio, ti prego, fa che Bruce sia indietro....

Dopo lo sbarco a Longues, dove fortunatamente Bruce è tornato, trovo Max Sutherland in uno stato di collasso. È stato appena sollevato dall'incarico e la morte di Jimmy lo ha finito. ....

Fu deciso dopo cena di visitare James Rankin, per informarlo della spaventosa situazione che l'arrivo del nuovo Wing-Co aveva creato nell'Ala. Ken Charney prese il comando temporaneo dello squadrone e Johnsen prese il comando del 'Flight B'.

Qualche giorno dopo, sono tornato da una missione di attacco con la mitragliatrice con Jacques nella regione di Saint-Lô. Siamo stati accolti da una Flak furiosa...

Beviamo un drink nella sala mensa prima di andare a mangiare la nostra razione di manzo corneed e carote in scatola. Lapsley, che ci guarda con un'espressione imbarazzata, mi comunica frettolosamente la notizia...

A proposito, Clostermann, ti è stato ordinato di ritirarti dalle operazioni...

Lo aspettavo da quindici giorni, senza volerci credere.
Il dottore mi aveva notato e aveva segretamente raddoppiato la mia dose di benzedrina per mantenere i miei nervi.
Il bastardo ha dovuto denunciarmi.
Dopo tutto, è il suo lavoro, e io devo essere in uno stato sanguinoso.
Jacques mi ha fatto notare che ho i tic nervosi di una zitella morfinomane.
È vero che ho perso otto chili in quindici giorni...

Qualche ora dopo, un Dakota pesantemente scortato atterra a B-2. È Sir Archibald Sinclair, il ministro dell'aria britannico. Il ministro ci passa in rassegna, così come siamo, sporchi, barbuti, coperti di polvere, esausti, e con discrezione mi consegna il D.F.C....

I giorni passano in attesa di una nave, esasperante. Sono qui, mentre il combattimento segue il combattimento, mentre il mio LO-D ora pilotato da Jacques decolla in una nuvola di polvere dorata. È ora che capisco il vero significato dell'amicizia. Vedere un vecchio compagno, un caro fratello d'armi partire per una missione, e aspettare il suo ritorno con angoscia, con i nervi a fior di pelle...

D.F.C : Distinguished Flying Cross

7 luglio 1944.

Allora, hai deciso, "Clo-CLo"? Ha intenzione di lasciare lo squadrone dopo il periodo di congedo?

Proprio così, mio vecchio amico Jacques, ho chiesto il mio trasferimento a un'unità dotata dei nuovi caccia Hawker Tempest!

Alle ore 2130, Franck Wooley ed io ci imbarchiamo sul mezzo da sbarco 322. Mi appoggio alla ringhiera, gli occhi fissi sulla scogliera di Arromanches. La battaglia di Caen continua, ma tutto sembra così calmo, così tranquillo.

Intorno a me c'è solo il rumore della marea che sale, in un bagliore di olio pesante e salamoia. Sento nelle mie ossa che la liberazione della Francia è una questione di poche settimane e che, Ironicamente, potrò assistere alla liberazione di Parigi solo da lontano.

ERWIN ROMMEL

CHRIS LE ROUX

BRUCE OLIVER

JACQUES REMLINGER

Il 17 luglio 1944, due plotoni di quattro Spitfire guidati da Chris Le Roux, un "Asso" sudafricano al comando del 602 Squadron, condussero una pattuglia sulla Normandia. Due dei suoi piloti, il F/O Bruce Oliver e l'aspirante Jacques Remlingert, attaccano un veicolo blindato tedesco.

Dopo la guerra, la storia sarebbe diventata pubblica che i due piloti avevano attaccato e ferito nientemeno che il maresciallo Erwin Rommel, comandante del Vallo Atlantico, che fu gravemente ferito e ritirato dalle operazioni.

A settembre, Jaques e io ci siamo incontrati alla "Scuola centrale d'artiglieria" di Catfoss, per un corso di formazione avanzata indove mandano solo piloti da combattimento veterani, come George Beurling, l'"Asso" di Malta, e Richard Bong, dal Pacifico. Poi, stanco delle scartoffie e dell'inattività, con l'aiuto di Jacques e del colonnello Ezanno, il famoso pilota di Typhoon, sono riuscito a tornare alle operazioni, in un'unità Hawker Tempest.

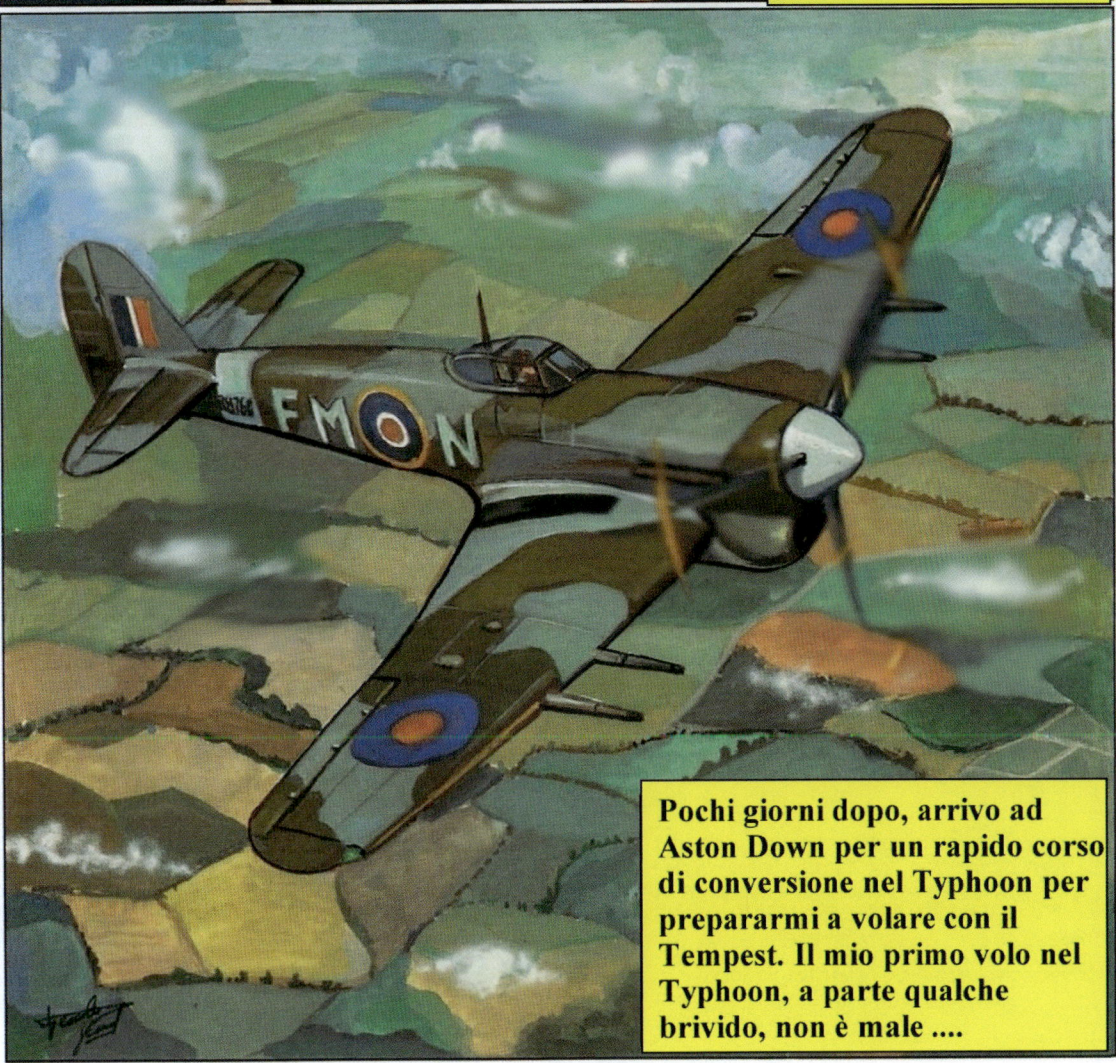

Pochi giorni dopo, arrivo ad Aston Down per un rapido corso di conversione nel Typhoon per prepararmi a volare con il Tempest. Il mio primo volo nel Typhoon, a parte qualche brivido, non è male ....

Ma nel frattempo erano accaduti eventi importanti, che avrebbero influenzato il corso della guerra...

**Dicembre 1944.
Flammersfeld, Germania.**

Signori, l'obiettivo dell'operazione Bodemplatte è quello di distruggere tutti gli aerei alleati basati in Francia, Olanda e Belgio, e quindi indebolire la protezione dei bombardieri tattici, mirando alla Germania....

L'istigatore di questa operazione era il maggior generale Dietrich Pelz, comandante del 2° Jagdkorps. All'alba del 1° gennaio 1945, quasi mille caccia della Luftwaffe attaccarono i campi d'aviazione alleati, distruggendo più di 400 aerei ma subendo pesanti perdite.

Alcuni giorni dopo...

Guardate, ragazzi... questa rivista tedesca pubblica un articolo su Walter Nowotny, abbattuto l'8 novembre...

In mensa questa sera, il suo nome viene spesso fuori nella conversazione. Parliamo di lui senza rancore o odio.
È la prima volta che sento una conversazione con questo tono nella R.A.F. ed è anche la prima volta che sento questa curiosa solidarietà espressa tra i piloti di caccia, al di sopra di tutte le tragedie e pregiudizi...

Certo, ci sono tra noi anche combattimenti meno nobili, tutto questo lavoro disumano e immorale che dobbiamo svolgere perché siamo soldati e questa è la guerra...La nostra vendetta oggi consiste nel salutare un nemico coraggioso che è appena morto, nel proclamare che Walter Nowotny ci appartiene, che è parte di noi, di una sfera in cui non hanno posto né ideologie, né odi, né frontiere.
Questo cameratismo non ha niente a che vedere con il patriottismo, la democrazia, il nazismo o l'umanità. Tutti questi ragazzi, questo pomeriggio, lo capiscono istintivamente.
E se ci sono quelli che alzano le spalle, è perché non possono rendersene conto; non sono piloti da combattimento.

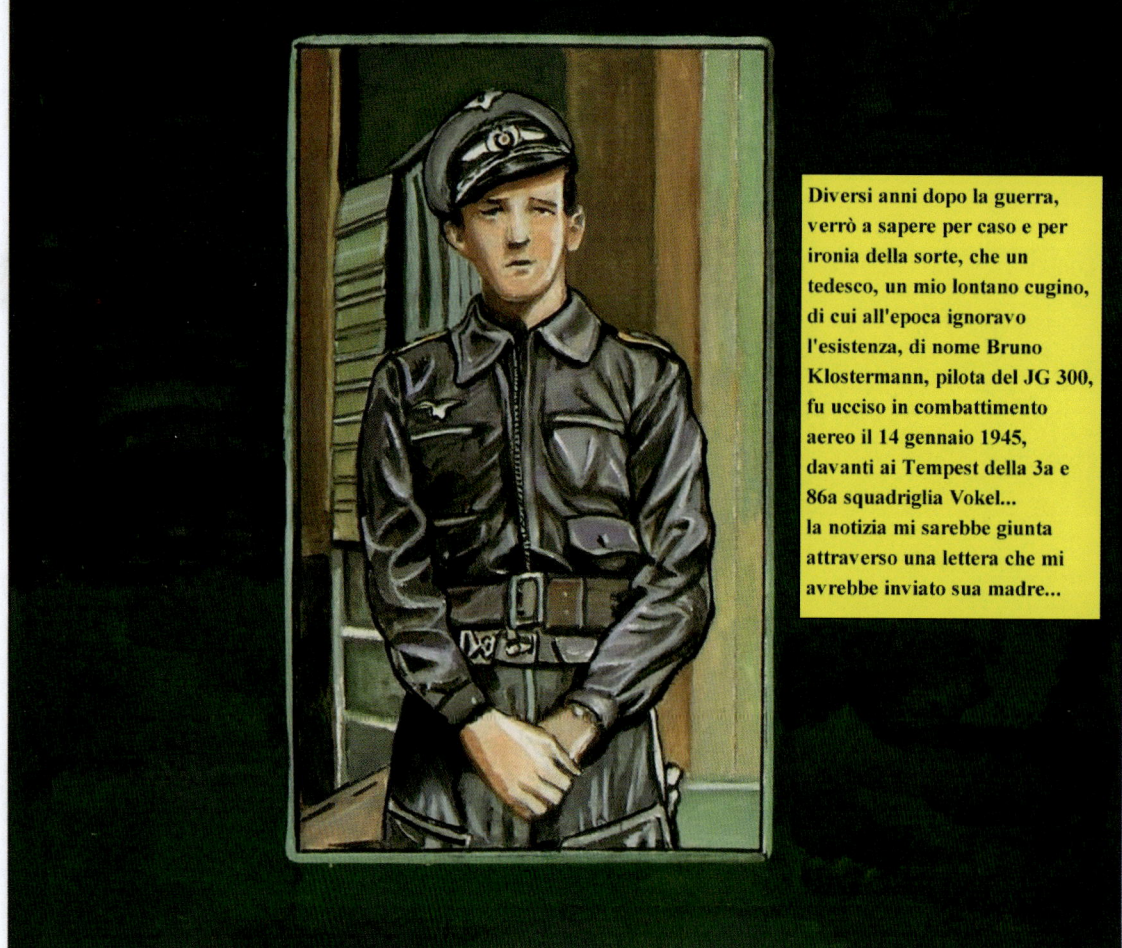

Peccato che questo tizio non indossasse la nostra uniforme, sarebbe stato un buon compagno.

La conversazione si è spenta, i boccali di birra sono vuoti, la radio è silenziosa ed è passata la mezzanotte. Tutti vanno a letto.
Noi, Bruce Cole, Clark, Brooker ed io, guardiamo un articolo illustrato su Nowotny nella rivista "Der Adler". Bruce Cole, che non è né un poeta né un filosofo, lascia cadere queste parole: "il primo che osò dipingere una coccarda sull'ala di un aereo fu un bastardo".

Diversi anni dopo la guerra, verrò a sapere per caso e per ironia della sorte, che un tedesco, un mio lontano cugino, di cui all'epoca ignoravo l'esistenza, di nome Bruno Klostermann, pilota del JG 300, fu ucciso in combattimento aereo il 14 gennaio 1945, davanti ai Tempest della 3a e 86a squadriglia Vokel...
la notizia mi sarebbe giunta attraverso una lettera che mi avrebbe inviato sua madre...

Il successo della Luftwaffe riuscì a paralizzare la Tactical Air Force per più di una settimana, dovendo attingere alle riserve nei parchi aerei in Inghilterra, e così fu in grado di riorganizzare alcuni gruppi di combattimento per tenere il fronte. Dovevo arrivare in questo momento critico.
Ho passato le ultime ore con Jacques e poi mi sono imbarcato sul Duty Anson con le mie armi e i miei bagagli.
Il mio vecchio amico Jacques non ha potuto richiedere lo stesso trasferimento a causa di un infortunio alla spalla subito durante una partita di rugby...

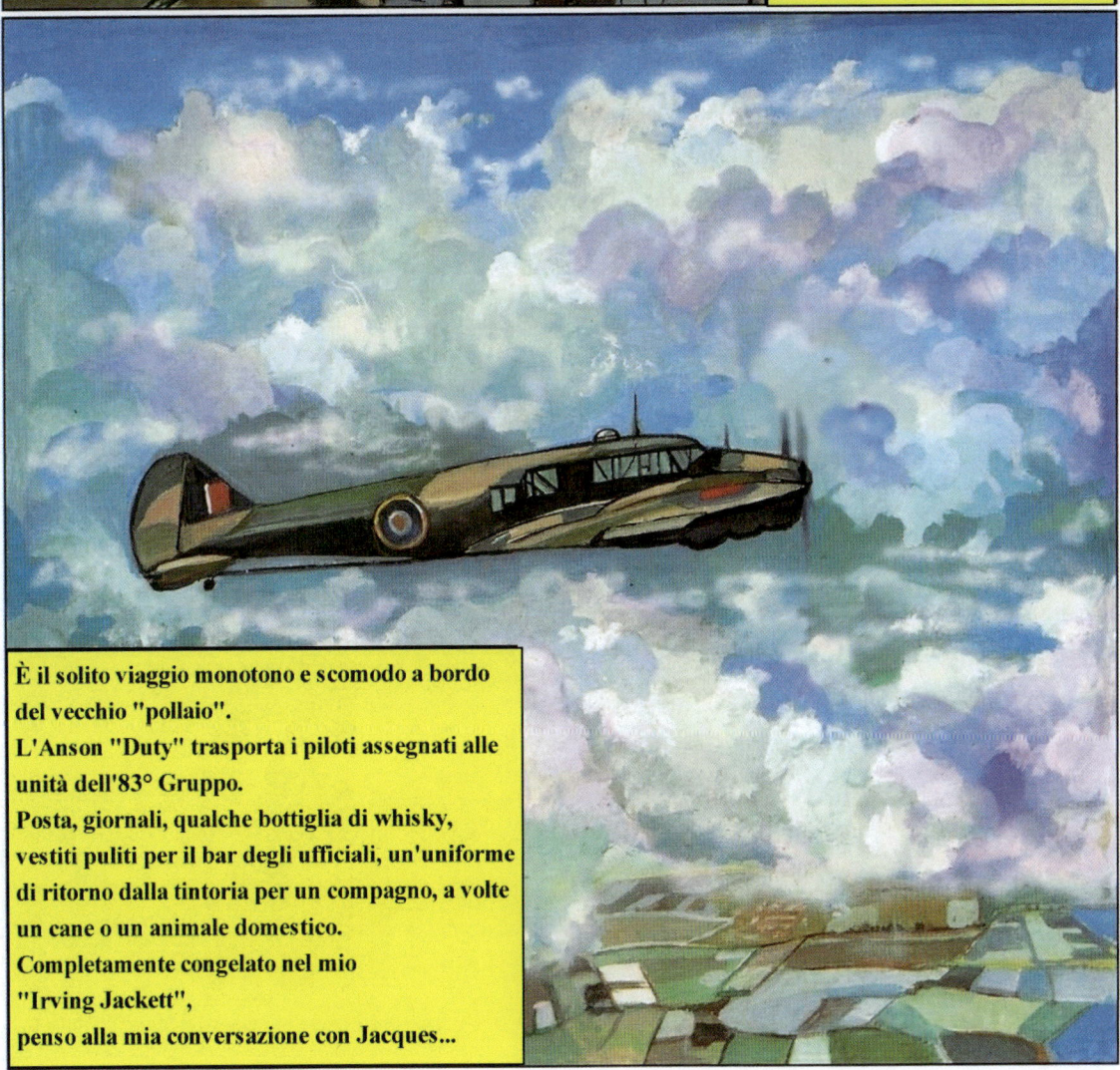

È il solito viaggio monotono e scomodo a bordo del vecchio "pollaio".
L'Anson "Duty" trasporta i piloti assegnati alle unità dell'83° Gruppo.
Posta, giornali, qualche bottiglia di whisky, vestiti puliti per il bar degli ufficiali, un'uniforme di ritorno dalla tintoria per un compagno, a volte un cane o un animale domestico.
Completamente congelato nel mio "Irving Jackett",
penso alla mia conversazione con Jacques...

Quanto al mio amico Jacques Remlinger, la fortuna e il destino gli permetteranno fortunatamente di sopravvivere alla guerra. Si unirà al 340 "Ile-de-France" con il quale continuerà le sue innumerevoli missioni di molestia contro la Luftwaffe e le truppe tedesche. Il 18 giugno 1945, prese parte alla parata aerea sull' Arco di Trionfo a Parigi. ....

Poche ore dopo, l'Anson arriva a Volkel, in Olanda, dove il 274° Squadrone è di stanza...

Il Wing 122 della R.A.F. è sotto il comando del Wing Commander Brooker, D.S.O, D.F.C.
(Distinguished Service Order, Distinguished Flying Cross).

Pierre, sono felice di averti con noi... come saprai, abbiamo passato dei momenti molto difficili. Sei stato assegnato al 274 Squadron e prenderai il comando del volo A. Arrivi in un buon momento, visto che Fairbanks, che era al comando, è stato ferito dalla contraerea questa mattina, e Hibbert, il signor comandante di volo, è andato in licenza ieri per una decina di giorni. Tu guiderai il gruppo fino al suo ritorno.....

La vita è molto tranquilla a Volkel. Dopo una cena frugale, i comandanti di squadriglia scrivono i nomi dei piloti in allerta all'alba del giorno successivo su una grande lavagna.
Alle 11 di notte non c'è più un'anima, il barman dorme sul suo sgabello, mentre alcuni sbandati bevono i loro whisky...

Sono le 4 del mattino. Il raggio di una lampada tascabile mi infastidisce sotto le palpebre, una mano mi stringe le spalle... e il poliziotto militare, con gli stivali di gomma, scrive un nome sulla sua lista e se ne va tranquillamente a svegliare gli altri piloti allertati...

È ora di alzarsi, signore.

Nella capanna della "dispersione", il guardiano ha acceso il camino e nella cucina a olio, il bollitore sta fischiando... Fuori c'è il mio aereo JJ-B, il primo a destra del nostro campo.
I miei piloti fanno 2 e a volte 3 missioni al giorno, e anche i meccanici hanno una vita da cani.

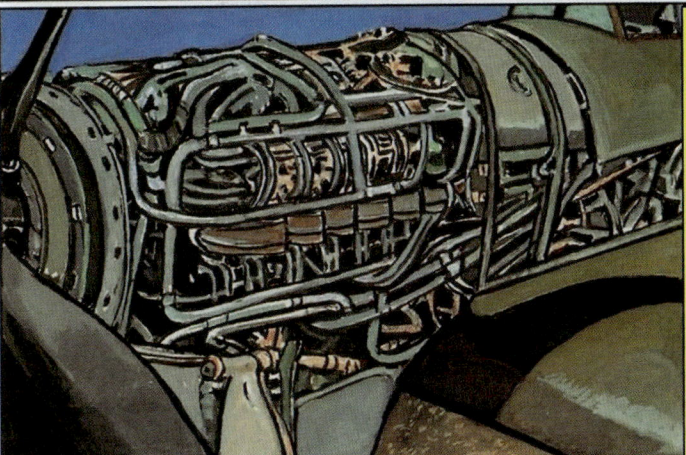

L'Hawker Tempest V, con il suo formidabile motore Napier "H" "Sabre" a 24 cilindri, è il caccia più moderno, non solo della R.A.F., ma di tutte le forze alleate. Molto snella nelle sue linee nonostante il suo enorme radiatore, la Tempest ha una delicatezza sorprendente. Molto pesante, con sette tonnellate a pieno carico, ha, grazie al suo motore da 2.850 CV, un'accelerazione fenomenale.

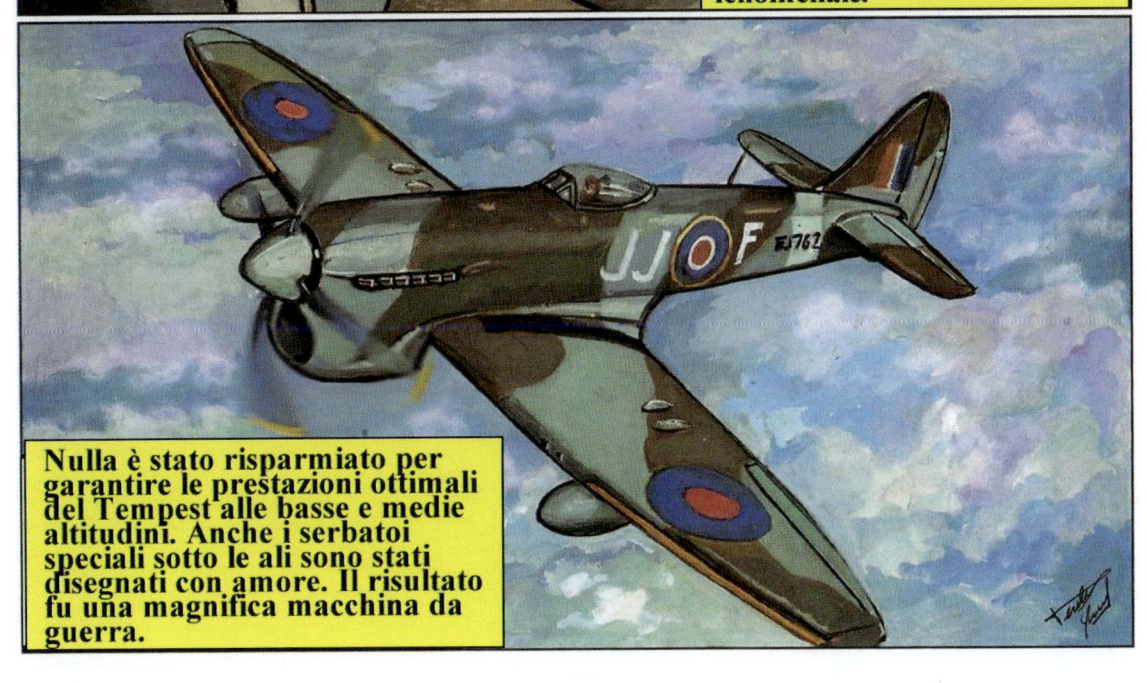

Nulla è stato risparmiato per garantire le prestazioni ottimali del Tempest alle basse e medie altitudini. Anche i serbatoi speciali sotto le ali sono stati disegnati con amore. Il risultato fu una magnifica macchina da guerra.

In termini di armamento, il Tempest ha una notevole potenza di fuoco, con i suoi quattro cannoni da 20 mm che possono sparare insieme 200 colpi in un secondo.

Mi viene presentato Fairbanks, un americano arruolato nelle forze reali canadesi dal 1941.
È un grosso ragazzo biondo, dai lineamenti delicati e femminili, estremamente amichevole. La sua stretta di mano è calda e sincera. Nonostante i suoi occhi blu un po' sognanti, è un combattente temibile. Infatti ha abbattuto 14 tedeschi nell'ultimo mese, tra cui 2 Messerschmitts 262 jet fighters.

Mentre parliamo, mi spiega le sue tattiche.
È molto interessante e richiede una certa audacia. Fairbanks ha preso l'abitudine di andare, con due o tre compagni, a visitare Rheine, il più trafficato campo d'aviazione tedesco che ospita più di 500 caccia, e di bombardare in picchiata qualsiasi aereo nemico all'interno del circuito.
Questa tattica gli ha fatto guadagnare un notevole record personale, ma in cambio lascia quasi sempre un compagno di squadra a terra.

28 febbraio 1945.
Abbiamo cercato i treni nella regione di Brema senza successo. Fairbanks ha guidato una sezione di sei Tempest, con me come numero 2, Mossing come numero 3, Inglis come numero 4, Spence come numero 5 e Dunn come numero 6.
L'ho avvertito prima del decollo che la sua sezione era sbilanciata: 3 piloti giovani e inesperti sono troppi.

Attacchiamo un treno ad almeno una stazione di distanza. Siamo accolti da una Flak densa e precisa. Fairbanks ha condotto il suo attacco troppo bruscamente, e io sono stato sciocco a seguirlo; la quarantena di proiettili che ho sparso in direzione della locomotiva non deve averla danneggiata troppo.
Sono risalito rapidamente tra le nuvole, incorniciato dai traccianti. ....

Pronto, Talbot, sono Kenway! Ci sono dei Boches nelle vicinanze che ritornano dal Rhur!

Wow sembra che ci sia del movimento da queste parti... rimuovo le sicure della pistola e regolo il mio collimatore... la lampadina è bruciata.
Mi tolgo febbrilmente i guanti, armeggio nel piccolo scomparto dove sono fissate le lampadine di ricambio, e svito la base del collimatore.

Attenti ai Boches, vi saranno addosso alle 3!

Lascio uscire un'imprecazione e alzo la testa appena in tempo per vedere una trentina di Focke-Wulf che si avvicinano a meno di 2.000 metri e ci piombano addosso.

Istintivamente, mollo tutto e affronto l'attacco con gli altri cinque aerei. La base del mio collimatore, che oscilla sull'estremità del cavo elettrico, mi colpisce in pieno viso, i miei guanti cadono sotto il sedile e un proiettile da 30 mm esplode nel mio piano destro, crivellando la fusoliera di frammenti.
Pessimo inizio!

"Addio amici! Mi hanno raggiunto!"

È la voce del povero Spence, il suo aereo Tempest che precipita, sommerso dalle fiamme e dal petrolio. Povero Spence...

Seguito da quattro Boches, salgo in verticale e aspetto, naso al cielo, che i comandi si allentino...
un secondo di angoscia...
la perdita di velocità non arriva.
La mia Tempest vibra...
Non importa! Ritiro violentemente il mio piede...
Il cielo gira, io giro sul mio asse...
sono in posizione invertita, tiro la leva...
che manovra deplorevole!

Uno dei Focke-Wulf ha seguito facilmente la mia manovra e i suoi proiettili sfiorano la mia cappotta.
Ora sto scendendo verticalmente a piena potenza.
Con le otto tonnellate della mia macchina raggiungo presto i 900 km all'ora e mi lascio alle spalle il Focke-Wulf.
Devo raddrizzare il mio aereo, perché la mia ala sta tremando e il guscio frantumato dagli spari si sta lacerando pericolosamente...

Dopo aver attraversato il Reno, accolto da un pesante fuoco aereo, non riesco a trovare Volkel nella nebbia e mi ritrovo perso in mezzo alla campagna olandese.
Tutti i mulini a vento, tutti i canali e tutti i villaggi si assomigliano. Impossibile trovare la strada sulla mappa. Chiedo a Desmond indicazioni e lui mi porta direttamente alla base con la sua prima indicazione.

Atterro male, perché i miei flap non vogliono scendere più di metà, e ho paura che crollino a metà atterraggio. Ingliss e Dunn sono appena atterrati. Il nostro compagno Mossing è nel circuito. Fairbanks e Spence sono a terra. Inglis e Mossing danneggiarono un Boche ciascuno, e Dunn ne danneggiò leggermente tre. La violenza del combattimento ha fatto sì che i risultati non potessero essere verificati.
La notte è piuttosto cupa nel bar dello squadrone....
(Più tardi apprendiamo che Fairbanks è stato catturato e finirà la guerra in un campo di prigionia).

DAVID.C "FOOBS" FAIRBANKS

Qualche giorno dopo...

— Guardate, ragazzi... questa rivista tedesca pubblica un articolo su Walter Nowotny, abbattuto l'8 novembre.

In mensa questa sera, il suo nome viene spesso fuori nella conversazione. Parliamo di lui senza rancore o odio.
È la prima volta che sento una simile conversazione nella R.A.F. ed è anche la prima volta che sento esprimere apertamente questa curiosa solidarietà tra piloti di caccia, al di sopra di tutte le tragedie e i pregiudizi.

Certo, ci sono tra noi anche combattimenti meno nobili, tutto questo lavoro disumano e immorale che dobbiamo svolgere perché siamo soldati e questa è la guerra....La nostra vendetta oggi consiste nel salutare un nemico coraggioso che è appena morto, nel proclamare che Walter Nowotny ci appartiene, che è parte di noi, di una sfera in cui le ideologie, gli odi e le frontiere non hanno posto. Questo cameratismo non ha niente a che vedere con il patriottismo, la democrazia, il nazismo o l'umanità. Tutti quei ragazzi, questo pomeriggio, lo capiscono istintivamente. E se ci sono quelli che alzano le spalle, è perché non possono rendersene conto; non sono piloti da combattimento.

"Che peccato che questo ragazzo non abbia indossato la nostra uniforme, sarebbe stato un buon compagno!"

La conversazione si è spenta, i boccali di birra sono vuoti, la radio è silenziosa ed è passata la mezzanotte.
Tutti vanno a letto. Noi, Bruce Cole, Clark ed io, guardiamo un articolo illustrato su Nowotny nella rivista "Der Adler". Bruce Cole, che non è né un poeta né un filosofo, sbotta con queste parole: "La prima persona che ha osato dipingere coccarde sull'ala di un aereo era un maledetto bastardo".

Parecchi anni dopo la guerra, avrei appreso per caso e per ironia della sorte che un tedesco, un mio lontano cugino, di cui all'epoca ignoravo l'esistenza, di nome Bruno Klostermann, pilota di caccia nel JG 300, era stato ucciso in combattimento aereo il 14 gennaio 1945, davanti ai Tempest della 3a e 86a squadriglia di Volkel...
La notizia mi sarebbe giunta in una lettera inviata da sua madre

5 marzo 1945.
Devo uscire con un nuovo Tempest per effettuare una missione di "test del canone", cioè testare le armi su qualsiasi bersaglio individuato sulle linee nemiche. Prima di partire, dico agli armaioli come voglio che le mie armi siano regolate...

Poco dopo, una volta regolate le armi, sono decollato, sollevando una nuvola di neve in mezzo alla pista. Dato che non mi considero un buon tiratore, ho scelto una configurazione di tiro "a pioggia", cioè coprendo più spazio possibile.

Pochi minuti dopo, volo sopra le linee nemiche. Sto dando uno sguardo circolare, sia in aria che a terra. Tutto sembra essere tranquillo nel settore...

Per alcuni minuti, il volo prosegue senza che appaia alcun obiettivo. All'improvviso, in lontananza, vedo un gruppo di quattro piccole sagome che sfilano all'orizzonte.
Non c'è dubbio, sono tedeschi...

Questi sono dei Messerschmitts 109 che si preparano ad attaccare quattro cacciabombardieri Typhoons che volano a bassa quota. Lì, lasciano i loro serbatoi extra e iniziano il loro attacco.

Senza perdere un secondo, mi precipito dietro di loro, e grazie alla velocità del Tempest non ci metto molto ad arrivare sulla coda dell'ultimo Messerschmitt, leggermente sotto, per rimanere nel loro punto cieco.

L'effetto dei miei quattro cannoni da 20 mm, a questa distanza, su un aereo che vola dritto e il cui pilota non sospetta nulla, è veramente devastante. Sotto l'impatto dei colpi, il Me-109 si incendia immediatamente.

Sono presto inseguito dai tre tedeschi, ma riesco a finalmente fuggire da loro, scivolando tra le nuvole...Torno quindi a sorvolare i rottami del mio Messerschmitt per ottenere l'omologazione della sua distruzione.

I Messerschmitts 262 sono diventati fastidiosi come la pioggia. Queste palle di fuoco a getto appaiono sul nostro fronte in numero sempre crescente.
Ogni mattina all'alba e ogni sera al tramonto, vengono individualmente, in volo basso, a fare le loro fotografie.
A volte, per rinforzare il loro programma, vengono con pattuglie di sei e a volte di dodici, per mitragliare le nostre linee.

SCRAMBLE RAT!
SCRAMBLE RAT!

Non appena un Messerschmitt 262 attraversa il Reno verso le nostre linee, Lapsley, al suo posto di controllo, avverte i piloti direttamente via radio che sono in allarme. Immediatamente, i motori sono stati avviati, tre razzi rossi sono stati lanciati per aprire il circuito e dare la priorità ai cacciatori di "ratti". Esattamente otto minuti dopo che l'allarme è stato dato, i due Tempest stanno pattugliando gli approcci a Rheine-Hopstein e cercando di catturare il Me-262 di ritorno dalla sua missione.

Durante una di queste missioni, sto guidando una sezione di Tempest all'alba sopra Rheine, quando, per fortuna, riesco a intercettare uno dei Me-262 che si prepara ad atterrare.
I miei proiettili hanno colpito una delle sue turbine, che ha preso fuoco, mentre io l'ho evitata per un pelo, sfiorandola a soli tre metri di distanza...

Improvvisamente, il membro della mia squadra, trascinato dalla sua velocità, si scontra con il 262 ed entrambi gli aerei precipitano.
Infine, l'Alto Comando decide di abbandonare questo tipo di missione...

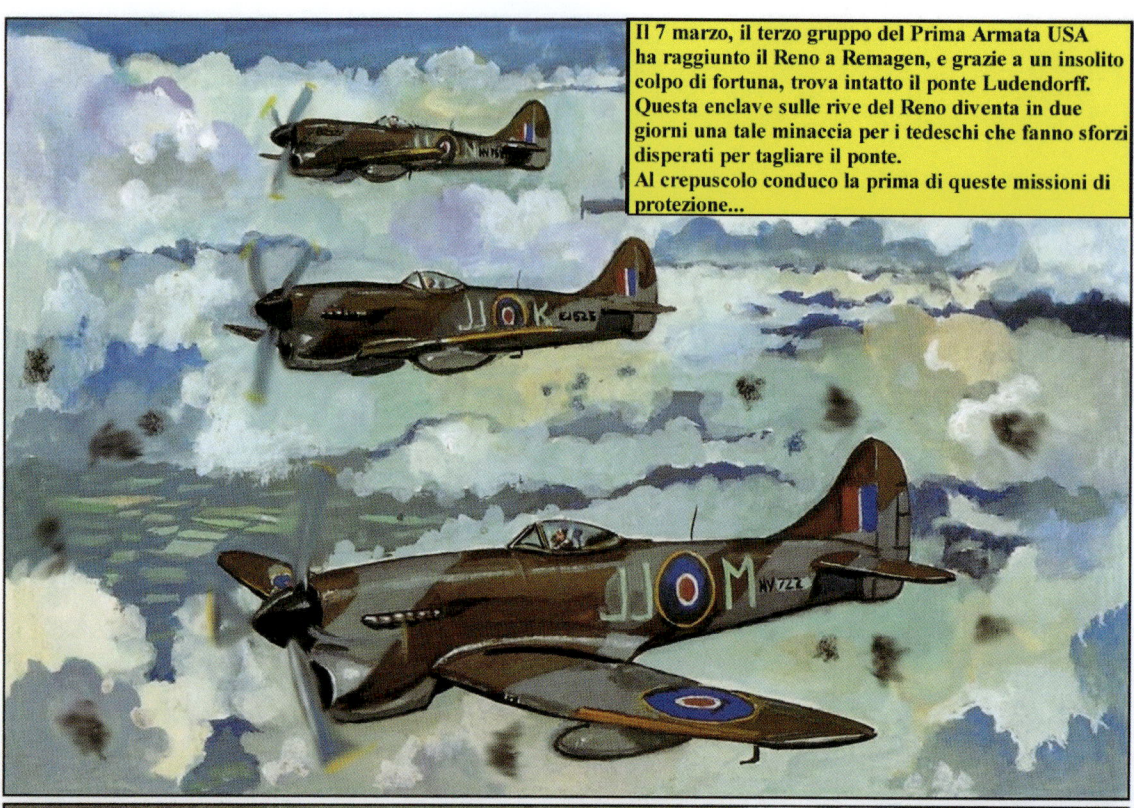

Il 7 marzo, il terzo gruppo del Prima Armata USA ha raggiunto il Reno a Remagen, e grazie a un insolito colpo di fortuna, trova intatto il ponte Ludendorff. Questa enclave sulle rive del Reno diventa in due giorni una tale minaccia per i tedeschi che fanno sforzi disperati per tagliare il ponte.
Al crepuscolo conduco la prima di queste missioni di protezione...

Dopo alcuni minuti durante i quali abbiamo fatto da bersaglio per i cannonieri americani piuttosto nervosi, ho preso la decisione di girare la mia formazione e dirigermi verso casa...
Orrore! Un vero e proprio esercito di sette o otto 234 Arados, scortato da una trentina di Me-262 che attaccano il misero ponte, appare proprio davanti a noi...

A tutta velocità, mi precipito dietro di loro. La velocità aumenta follemente.
Il "Arado" si raddrizza leggermente. Sono a una buona distanza, ma non oso sparare.
A questa velocità, i miei quattro cannoni che aprono il fuoco mi farebbero saltare le ali senza dubbio. Posso vedere chiaramente le due bombe che lasciano il "Plough", una che rimbalza sul ponte, l'altra che esplode nella struttura .....

Nel momento in cui esplode, il mio aereo viene sollevato come una foglia dalla deflagrazione, quasi ribaltandosi. Istintivamente, rallento e tiro la cloche. Il Tempest si impenna come un proiettile da revolver a 10.000 piedi, e mi ritrovo a sudare di paura e angoscia nella nuvola, a faccia in giù. Lo stallo della Tempest è il più pericoloso di tutti; un giro, due giri e sei come uno straccio, lanciato, nonostante le cinghie di sicurezza, contro le pareti della cabina.

Ripristino il volo fino a 50 metri.
Oggi è Lapsley che controlla Kenway, e mi informa della presenza di "ratti" nelle vicinanze. Pochi secondi dopo, gli spari della D.C.A. si alzano lungo il Reno e intravedo due lunghe e sottili scie grigie che ondeggiano sul terreno.

È un 262. È magnifico, con la sua fusoliera triangolare come la testa di uno squalo, le sue piccole ali a forma di freccia, le sue due turbine allungate, il suo camuffamento grigio con macchie verdi e ocra. Questa volta non sono messo male tra il mio avversario e la sua base. Faccio un altro tuffo, come un uomo posseduto per guadagnare la massima velocità.
Non mi ha ancora visto.

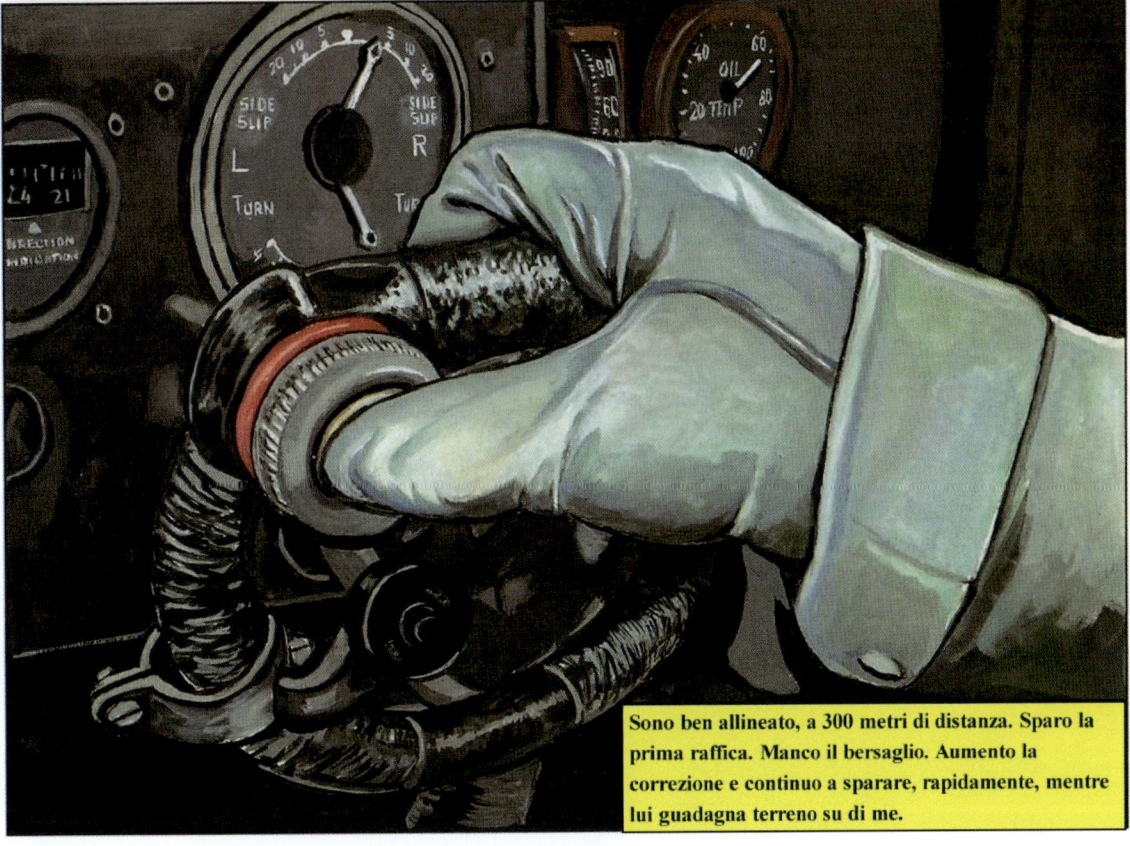

Una leggera virata con gli alettoni, e arrivo sopra di lui su una tangente. Correggo attentamente il collimatore secondo la mia velocità e la deriva dei proiettili, quando improvvisamente vedo due fiamme allungate che escono dalle sue turbine. Mi ha individuato e sta accelerando al massimo .....

Sono ben allineato, a 300 metri di distanza. Sparo la prima raffica. Manco il bersaglio. Aumento la correzione e continuo a sparare, rapidamente, mentre lui guadagna terreno su di me.

Un'esplosione nella turbina di destra, che proietta immediatamente una colonna di fumo nero... La 262 sbanda violentemente e perde quota. La velocità si stabilizza ad una distanza di circa 600 metri. Il fumo mi disturba e manco di nuovo il bersaglio...

Mio Dio, i miei due cannoni di sinistra sono inceppati! Miro più a destra per correggere la deviazione, e le mie altre due cannoni si inceppano a loro volta. La 262 è ancora su un solo motore. Sono pazzo di rabbia...

Dopo qualche minuto è il mio motore che comincia a surriscaldarsi. Purtroppo devo rinunciare, mentre giuro che strapperò la pelle dalla schiena dell'imbecille che scrisse in un bollettino tecnico del Ministero dell'Aria che il Messerschmitt 262 era incapace di volare con un solo turbogetto.

Dopo i recenti colpi pesanti, in particolare Fairbanks, l'O.P.S. e il G.C.C. decisero che solo gruppi composti da almeno 8 aerei sarebbero stati autorizzati ad operare in profondità sul territorio nemico.
Inoltre, i gruppi eseguiranno le perlustrazioni a coppie, seguendo percorsi paralleli, il più vicino possibile l'uno all'altro, in modo da potersi assistere a vicenda.

Volando nella posizione di capo pattuglia della pattuglia "Talbot", io guido una perlustrazione di otto Tempest della 274 sulla regione di Hannover. Il 486° opererà nell'area circostante. Alle 15.05 circa, dopo un'occhiata ai campi d'aviazione di Hannover e Langenhagen, giro a sinistra, in direzione 320° verso Wunstorf, da dove solitamente operano due Geschwader di Messerschmitts 109.

Formazione Talbot, girare a sinistra!

Faccio oscillare il mio Tempest per guardare l'angolo del mio empennage. Ho appena il tempo di gridare l'ordine nel microfono. I Me-109 di Wunstorf sono lì!

Salire alla massima velocità e non lasciare che la vostra velocità rallenti!

Ci hanno visto.
Un secondo di esitazione, e ora sono proprio sopra di noi, oscillando le loro ali. Si dividono in due gruppi, uno si gira a sinistra, l'altro a destra.

Chiamo il 486 in mio aiuto, è la cosa più prudente da fare. La cosa migliore da fare è cercare di tornare ad Hannover indenni. Ed ecco che le sezioni Blu 4 e Blu 3 sono rimaste indietro di un chilometro rispetto alla mia formazione...

Presto, Blu 3 e 4!

Cercherò di mantenere il contatto senza combattere fino all'arrivo di Mackie. Questi due idioti rovineranno tutto! Questo è tutto! Una quindicina di Me-109 si staccano dal gruppo sulla sinistra e scendono in picchiata verso di loro...

Per l'amor di Dio, Blu 3 e 4, raggruppatevi con gli altri!

> Talbot, rompere a sinistra! Attacco!

Blu 3, decisamente idiota, non sembra vederli - tanto peggio! Vado all'attacco. A piena potenza accorcio il mio turno e corro in aiuto dei due ritardatari...

Il primo 109 spara una salva contro il tenente Park, Blue 3. Con un'ala strappata da proiettili da 30 mm, il Tempest cade fuori controllo.

Mi rivolgo a questo Messerschmitt, che si rivolge anche a me.... e vedo il suo enorme mozzo nero dell'elica decorato con la spirale bianca dei gruppi d'elite...

Sparo i miei quattro cannoni insieme, un proiettile nella sua ala sinistra... altri due sopra la cappottatura... un'esplosione... il Me-109 passa a 20 metri da me, trascinando una coda di denso fumo nero e scompare...

Un Tempest si stacca dall'impegno, zigzagando senza meta: è di nuovo lo stordito Blue 4, perennemente addormentato.
Seguito da Campbell, mi dirigo verso di esso, sparando una raffica mentre passo verso un Merschmitt che mi capita di raggiungere...

Siamo a mille metri da Blue-4, quando sei Me-109 gli piombano addosso, tre a destra, tre a sinistra. Per miracolo, li vede arrivare, ma stordito, scende in picchiata invece di salire. I 109, che hanno accumulato un sufficiente margine di velocità, lo raggiungono senza difficoltà.

Girare a destra Blu!

Gli grido di girare a destra in modo che possa passare sotto di me, e portare i suoi inseguitori alla mia portata.
Il Tempest, seguita da tre passaggi di 109 entro 500 metri...

Uno dei Me-109 apre il fuoco. Assorto nelle sue riprese, non mi vede arrivare.
Con calma, correggo.
Due cerchi collimatori.
Uno sguardo indietro per prudenza: Campbell mi copre fedelmente.

I miei quattro cannoni squarciano l'aria: un lampo sotto il ventre del Messerschmitt, un fascio di scintille, una scossa....

...ed esplode, a pezzi, con le ali strappate e il motore in fiamme. Al suo posto non rimane altro che una grande nuvola di fumo nero, e più in basso, il relitto in fiamme di un paracadute che scende lentamente...

Mando Red 4 per scortare Campbell e condurlo a Volkel per la via più breve. Poi ritorno a Osnabrück per coprirli da lontano, con i miei due aerei rimanenti.

A Volkel, Red 4, che è già sulla via del ritorno, mi dice che il motore di Campbell si è spento a cinque chilometri dal Reno, e che è riuscito a malapena a planare. A quanto pare è stato in grado di atterrare sulla pancia senza inconvenienti vicino a una batteria da campo. Infatti, dopo pranzo, Campbell arriva in una jeep con due punti di sutura sul labbro e un sorriso sul volto....

> 15 marzo 1945.
> Desmond mi telefona e mi chiede di venire immediatamente alla torre di controllo.

"È Alex, dagli un consiglio!"

W/O ALEXANDER

> Questo povero Alex deve aver preso un brutto colpo da 37mm sull'ala, e una delle gambe del carrello di atterraggio sta oscillando, purtroppo, con una ruota mezza allentata.
> Dobbiamo rimettere la ruota a tutti i costi; non sarà mai in grado di atterrare sulla pancia in quel modo...

"Ciao, Alex, sono Pierre! Prova a sollevare il carrello di atterraggio sinistro!"

"Mi dispiace, non posso!"

"Prova di nuovo!"

Il suono forte del suo motore attira la gente. Vedo sagome sui tetti delle capanne, sporgersi dalle porte e dalle finestre. Hibbert e Brooker arrivano, seguendo ansiosamente il progresso dell'aereo, scendendo e salendo...

"Alex, prova la tua bottiglia di CO_2!"

Attraverso il mio binocolo, posso vedere la gamba dell'ammortizzatore che comincia a salire lentamente, con un movimento a scatti, quasi incastrato nella cavità dell'ala.

Allo, Pierre! Ho usato tutta l'anidride carbonica e la gamba del carrello di atterraggio, non è ancora fissata...

Gli trema la voce, povero ragazzo! Capisco perfettamente la sua condizione, solo lassù, lottando contro quel meccanismo che è diventato una trappola mortale. Mi sembra di vederlo, bagnato di sudore, senza fiato, che colpisce freneticamente la leva del suo treno, azionando ancora il sifone della sua bottiglia ormai vuota di anidride carbonica...

L'ambulanza parte e si sposta in testa alla pista, con il motore acceso. I pompieri seguono. Arriva la jeep del dottore.

OK, Desmond, atterro senza ruote! Mi sto scollegando!

Mio Dio, Clostermann, digli di saltare!

Troppo tardi! Avete scollegato il radio.

Corro giù per le lunghe scale e salto nella mia Jeep.
Il conducente dell'autopompa si disinnesta e passa alla prima marcia. La gente inizia a correre lungo il perimetro.
Premo l'acceleratore, seguito dalla campana dei pompieri e dalla sirena dell'ambulanza.

Il Tempest scende e cresce rapidamente.
Il disco incandescente della sua elica si frantuma improvvisamente quando Alex taglia i contatti.
Il suo approccio è impeccabile.
Coda bassa, alettoni in posizione, in avvicinamento alla pista di mattoni...

Il Hawker Tempest sta per atterrare, il tettuccio di vetro dell'abitacolo scende in una piroetta... Questo è tutto!
Un ruggito formidabile, l'elica gira e le otto tonnellate cadono a trecento chilometri all'ora...

24 marzo 1945. 18h50.
Chiamata telefonica da Lapsley. Richiede una pattuglia di quattro aerei molto esperti per sorvegliare Rheine.
Sembra che i tedeschi cercheranno di evacuare i loro aerei a reazione nell'entroterra, approfittando degli ultimi minuti di crepuscolo.
Il Controllo Centrale di Gruppo insiste che io guidi la pattuglia, perché gli aerei torneranno di notte.
Accetto anche prima di pensarci. Il buon vecchio Lapsley deve trovare tutto molto naturale, e conta sul mio entusiasmo. Sì, va bene, ma dopo quaranta missioni di guerra in venti giorni, l'entusiasmo si è leggermente raffreddato.

Mettendo da parte ogni sentimento di imbarazzo, chiamo la mensa per cercare di trovare Gordon Milne e chiedergli di prendere il mio posto.
Lo steward rimane all'altro capo della linea per cinque minuti senza trovarlo, e si avvicina l'ora del decollo.
OK, come vuoi! Ordino al sergente meccanico di aggiungere il mio aereo alla lista di bordo....

OK, Ron, metti il JJ-B sul tabellone, lo farò volare!

19h.10
Siamo a pochi chilometri da Rheine, coperti da nuvole cumuliformi sparse che trascinano il loro ventre gonfio di pioggia a bassa quota. È già buio, e una lunga fascia di foschia lattiginosa avvolge le colline di Hopstein, nascondendo il canale Dortmund-Ems e le sue chiuse distrutte.

Ho preso le mie precauzioni e ho un'ottima squadra: l'indescrivibile Tiny, l'australiano, è il mio numero 2; Torpy sarà il mio numero 4 e Peter West sarà il mio numero 3.
Non ci sono molte istruzioni da dare, è una caccia libera. Rheine sembra aver subito un terribile bombardamento. È quasi pietoso vedere Rheine, dove abbiamo lasciato tanti compagni e combattuto tante dure battaglie con il JG52, in un tale stato. A terra sembra esserci un'agitazione febbrile.

Decido di descrivere un lungo circuito sopra il campo d'aviazione, a 400 metri sul livello del mare, e ritorno. Un ultimo sguardo circolare. Improvvisamente, due sottili linee viola appaiono nettamente...

Attento, Red Talbot! Attacco a ore nove!

È un caccia notturno Junkers 88. Nell'oscurità che distorce le proporzioni e distrugge le distanze, appare enorme nel mio collimatore. Nervosamente, sparo una lunga raffica a caso contro la massa nera che si sta allontanando.

Sono decisamente fortunato. Tre rapide esplosioni, e una coltre di fuoco esplode dai serbatoi forati sull'ala destra, illuminando la lunga fusoliera ornata dalla croce nera...

Una frazione di secondo di incubo, e un enorme bagliore riempie il cielo... è il povero Tiny che mi ha seguito alla cieca e si è schiantato prima che potesse fare un gesto contro i junkers-88, ferito mortalmente...

Stordito, spaventato, perdo per un attimo il controllo del mio aereo e per qualche minuto vado alla cieca a zig zag sul terreno. Mio Dio, sto quasi sfiorando una fascia grigia cosparsa di crateri; è Rheine, con la furia del formidabile fuoco dei suoi cannoni automatici e delle mitragliatrici di grosso calibro.
All'improvviso, due schiaffi infuocati, Bang! Bang! il miagolo delle granate che perforano le lamiere di alluminio...

La mia gamba destra batte come un cuore, pesante. Questa sensazione di aver immerso il piede nell'acqua, le dita dei piedi che si contraggono in una massa viscosa. Mi mordo la lingua fino a farla sanguinare, le idee mi tornano in mente.
Rallento e l'ampiezza delle vibrazioni diminuisce. Una corrente d'aria raffredda la cabina, il freddo mi sveglia.

Ho fissato la mia rotta vicino ai fuochi intorno al fiume Reno. Provo le mie sei lunghezze d'onda in successione, chiamo Kenway, Desmond, ma senza risultato. Seguo la Mosa e trovo una ferrovia a Gennep che mi porta a Volkel.

Volkel è qui. Atterrerò sulla pancia. Non posso lanciarmi col paracadute a causa della mia gamba ferita e, inoltre, ho la fessura sinistra del mio abitacolo rotta da un'esplosione. Sono esausto; inizio meccanicamente il mio approccio...

Improvvisamente, lo shock della paura cade sulla mia nuca, gelido. Con tutte le mie forze, combatto contro la visione di Alex che brucia nel suo aereo su questa stessa pista, taglio i contatti, giro tra le due file di razzi dei fari...
Mio Dio, devo mantenere il sangue freddo!

Ho una palla in gola che mi soffoca... Attenzione! Non posso lasciar scappare l'animale... i marcatore sfilano, io brancolo... ancora un po'... ecco il primo degli otto fari che segnalano la fine della pista...

Ci siamo! Cerco di inclinare un po' il naso per sollevare la coda e con una picchiata deliberata mi abbasso, sbattendo un'ala per attutire l'impatto; forse posso evitare il capovolgimento. La mia povera Tempest, nonostante le sue sette tonnellate, è presa come un filo di paglia in un argano gigante. L'aereo rimbalza, spingendomi ....

La lama di un coltello mi ferisce la spalla, taglia le cinghie del mio paracadute, dita maldestre si aggrappano alle mie maniche sbrogliate, al mio collo... Attenzione! La mia gamba! Il calore mi divora i polmoni. Mani che fanno male, mi strappano dall'abitacolo polverizzato. Gorgoglio degli estintori di schiuma, ruggito della bomba, urla...

Quattro ore dopo l'iniezione di morfina, mi sveglio all'ospedale Heindoven con una testa pesante e dolorosa. Sento la voce del dottor Everald, che si ostina a parlare francese nel suo terribile accento scozzese.

Beh, cerca di atterrare meglio la prossima volta. E non raccogliere gli scarti con le gambe!

Il 30 marzo, sei giorni dopo, ritorno a Volkel in tempo per andare a Warmwell nel "Duty Anson" e scegliere un bel Tempest nuovo di zecca con la nuova elica Rotol. Un giorno dopo mi sono ricongiunto al 56 Squadron, che d'ora in poi sarà sotto il mio comando nel WIng 122. (B.112 Rheine)

FIGHTER SQUADRON 56 ROYAL AIR FORCE
QUID SI COELUM RUAT

28 marzo 1945. Ho volato le mie prime missioni nel 56° Squadrone in missioni di ricognizione armata nella regione di Münster su pattuglie di due aerei durante il passaggio del Reno. Durante una di queste missioni, ho attaccato un Fieseler "Storch" sulla pista, distruggendolo a terra dopo che il suo equipaggio lo aveva frettolosamente abbandonato. Durante alcuni passaggi successivi, sono riuscito a distruggere una batteria di motori da 155 mm distruggendo i due furgoni delle munizioni e i trattori...

2 aprile 1945, le missioni continuano. Durante un volo di ricognizione armata nella regione di Brema-Hanover, attacco un Focke-Wulfs 190 D-9 "Long nose" in fase di decollo sulla pista dell'aeroporto di Ahlhorn. Quando il suo carrello d'atterraggio è arrivato, ha sparato una raffica di tre secondi. I miei proiettili colpiscono l'aereo, che oscilla a sinistra e si schianta e si disintegra sulla pista.

Aprile 1945. Alle 9.50, porto la mia squadra al mese (bar degli ufficiali).
Ordino una seconda colazione, quando il sergente mi chiama al telefono. Lapsley chiede una pattuglia di otto aerei per Osnabruck-Münster-Brema, con, ovviamente, attacco prioritario contro i treni. Decollo alle 9.55.

Come previsto, il tempo prende una brutta piega e comincia a nevicare. I fiocchi si attaccano al parabrezza e, mentre scendiamo verso la pista, dobbiamo mettere un meccanico sull'ala per guidarci. Con una mano si aggrappa al metallo gelido e scivoloso, con entrambe le gambe penzoloni, e con l'altra indica la strada, asciugandosi le lacrime che gli cadono dagli occhi, sferzate dal vento pungente.

La mia pattuglia vola in modo ammirevole. Essere a capo di una formazione è per me una fonte di orgoglio sempre rinnovata.
È un movimento istintivo in cui non c'è spazio per la riflessione.
I miei Tempest si stagliano come magnifici giocattoli contro il muro di nuvole cumuliformi che copre l'orizzonte del Reno fino alle cime degli alberi.

Sto per richiamare all'ordine Byrnes, che comincia a rimanere indietro, quando improvvisamente sento la sua voce sovraeccitata gridare....

Leader Talbot, aerei appena sopra le nuvole, presto, è Boches!

Mio Dio! Alzo lo sguardo e vedo attraverso la coperta traslucida una dozzina di sagome vaghe, ognuna con un alone di arcobaleno. Tiro i miei serbatoi extra, l'elica è a passo ridotto, motore a tutto gas; mi lancio verticalmente attraverso le nuvole. Decollo direttamente nel cielo, aggrappato alla mia elica, un centinaio di metri sotto i Focke-Wulf che volano in disordine...

Nel cerchio di luce del mio collimatore, la parte posteriore di un ala con le grandi gambe del carrello d'atterraggio, le croci nere e il ventre blu pallido di uno dei tedeschi mi saltano agli occhi. Premo il collimatore a lungo, scosso fino al midollo delle ossa dalle mie quattro armi scatenate.

Mi ritrovo a volare a testa in giù come un pazzo, come una mosca in una ragnatela, penzolando dalla mia imbracatura, Bang! L'esplosione accecante proprio davanti ai miei occhi, lacerando i miei timpani a parte....

Frantumato, faccio oscillare il mio aereo con entrambe le mani e giro. Il focke-Wulf a macchie verdi sfila davanti al mio parabrezza, due scie bianche all'estremità dei suoi aerei, e sale verticalmente tra le nuvole...

Il ritorno a Volkel è un incubo. Mi perdo per circa un quarto d'ora, senza radio, nel mezzo di una terribile tempesta di neve che offusca i contorni del paesaggio e cancella i punti di riferimento. Perdo un po' la testa, attraverso il Reno due volte, accolto dai traccianti della contraerea.

Infine, mi fermo in un campo d'aviazione americano 150 km a sud di un camino di ciottoli e, malconcio, il mio Tempest, senza i suoi flap, atterra a due metri da un Lightning. Sono così esausto che ho bisogno dei meccanici americani per aiutarmi ad uscire dalla cabina di pilotaggio.

Poco dopo, fui trasferito al No. 3 Squadron, dove ebbi modo di conoscere i "vecchi ragazzi" dello squadrone: Bruce Cole, Peter West, Mc Intyre, Walker, Dug Worley, ecc.

Le missioni continuano, compresi gli attacchi ai treni e ai trasporti stradali. L'ala 122 rappresenterà il maggior numero di locomotive distrutte durante la guerra.

20 aprile 1945. Come al solito, il Controllo sta avvelenando la nostra esistenza. Vogliono che forniamo una pattuglia per proteggere il settore Brema-Amburgo questa sera al tramonto.

Abbiamo sorvolato uno squadrone di carri armati di Churchills sparsi su un campo e gli uomini correvano dappertutto, saltando per il rifugio dei carri armati, o sotto i cingoli o nei fossati.
Erano stati recentemente mitragliati e non prendevano rischi....

> In questo stesso momento, sento un colpo violento sotto il mio sedile e una sensazione di bruciore alla gamba. I traccianti stanno sfilando molto vicino alla mia Tempest. Questa è l'ultima goccia! Quei cretini corazzati ci stanno sparando, e per una volta, almeno, la loro mira è accettabile.

> Improvvisamente, una trentina di Focke-Wulf appaiono, assolutamente incollati al suolo, le loro sagome allungate e veloci sembrano scivolare attraverso gli alberi stessi, inseguiti dalle eruzioni di bombe ad azione ritardata che stanno piantando in uno dei nostri gruppi di carri armati.....

Fimstar! Focke-Wulf a ore due! Attacco!

Faccio oscillare la mia Tempest e, a piena potenza, faccio fuori i Boches. Ma proprio quando comincio a premere il grilletto, l'istinto mi fa girare la testa: una dozzina di Focke-Wulf emergono dalle nuvole in formazione stretta, a pochi metri dai miei compagni...

Mi hanno colpito con i loro colpi da sotto il serbatoio del carburante. Il colpo è così violento che i miei piedi vengono sbalzati dai pedali della barra del timone. Leva all'addome, salgo sul bordo delle nuvole....

Nell'oscurità, ne vedo uno girare nella mia direzione, oscillando le sue corte ali, e sparare alcuni colpi verso di me. Mi giro immediatamente e lo affronto.

Il Focke-Wulf, sorpreso, sembra esitare, inizia una virata a destra, si allontana, sbanda, si azzera, poi gira a sinistra.
Ecco il suo errore! Ora sono in una buona posizione, a meno di duecento metri.
Una lunga raffica dai quattro cannoni, lampi che sembrano rimbalzare...

I frammenti girano in un fumo che si addensa in piena vista. L'abitacolo staccato è saltato su e si è girato, e vedo il pilota, entrambe le braccia attaccate alla fusoliera...

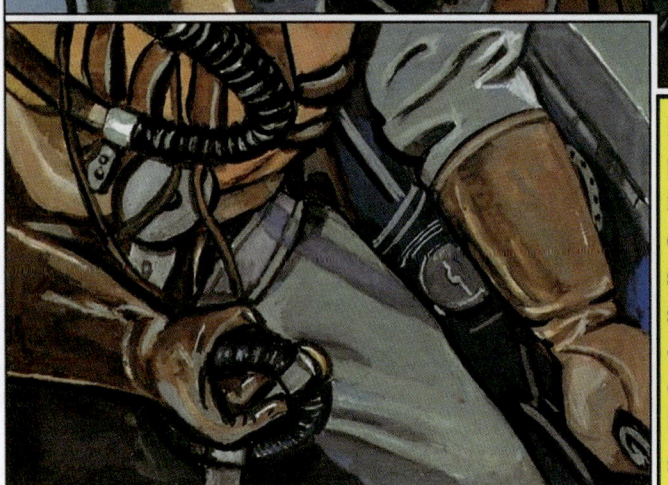

Ora il tempo sembra schiarirsi. Ehi! Un aereo solitario plana tra gli alberi in direzione di Brema. Nonostante la temperatura elevata e il calo della pressione dell'olio, che mi costringe a ridurre l'aspirazione, sto guadagnando terreno sul Focke-Wulf...

La contraerea raddoppia di intensità per un momento e poi cessa improvvisamente. Uno sguardo dietro di me mi dà subito la spiegazione: allineati sulla mia coda, sei Focke-Wulf in formazione ordinata mi seguono a tutta potenza. Con un pugno, spezzo il cavo che blocca l'overdrive di emergenza e spingo l'acceleratore al massimo...

L'effetto è straordinario e immediato. L'aereo balza in avanti con un rombo, e mentre mi lascio alle spalle i miei inseguitori, sparo due lunghe raffiche

Il Focke-Wulf esita, cade a terra e si schianta in un prato paludoso.
Faccio un altro passaggio e vedo il pilota che si allontana zoppicando, trascinando il suo paracadute.

Ora è buio. Dopo dieci minuti ansiosi e il fuoco che divampa di nuovo, vedo finalmente Rheine: dovrò paracadutarmi?
Dovrò atterrare sulla pancia?

Con mia grande sorpresa questa volta tutto va alla perfezione, e dopo trenta metri di sfrecciamento e scuotimento sul terreno, il mio Tempest si ferma, leggermente trafitto da due file di torce. I miei piloti vengono a prendermi in una jeep, e sono sorpreso di trovare due giornalisti della rivista "Aeronautics", Montgomery e Charles Brown dell'Air Force, che mi stringono calorosamente la mano. Sono ancora pallidi per l'emozione.

Infine, noi tre abbiamo festeggiato il nostro ritorno. Risultato della vicenda: due Focke-Wulf distrutti da me, uno danneggiato da Gordon, un Tempest danneggiato ma riparabile (il mio) e altri due, di categoria "B", danneggiati ma anche riparabili alla base dal nostro servizio di manutenzione. Un equilibrio accettabile...

27 aprile 1945.
Finalmente il mio sogno si è realizzato.
Sono un comandante di stormo, e non uno stormo qualsiasi!
Il 122°, il gruppo di caccia d'elite della R.A.F.
Senza perdere tempo, feci attaccare dal sarto il mio terzo gallone alle toppe della mia uniforme da combattimento e dipingere la croce di Lorena di bianco e il mozzo dell'elica di rosso.

Continuammo gli attacchi ai campi d'aviazione, a costo delle più gravi perdite della Flak.
Così fu il giorno dell'attacco al campo d'aviazione di Schwerin, in cui, in trentacinque secondi, abbiamo perso sei aerei su otto,
Bay Adams ed io siamo gli unici sopravvissuti.

Le missioni di attacco ai treni continuano, e le note di missione coprono le pagine dei miei diari di bordo:
"Questo è quanto! Mi piego in avanti, contorcendomi. La prima sfringa di traccianti rossi, i lampi tremolanti dei quattro cannoni Flak da 20 mm, lo slittamento delle ruote della locomotiva. L'autista salta fuori dalla sua cabina e rotola nel fosso. I miei proiettili esplodono sopra l'argine e attraverso la massa nera danzante che cresce nel collimatore. Poi, con un'enorme esplosione, la ciminiera scoppia in un'eruzione di fiamme e scorie, circondata dal vapore che esce dai tubi perforati..."

3 maggio 1945. Abbiamo una sensazione molto chiara che stiamo facendo l'ultimo sforzo.
Il mio "Grand Charles" è pronto.
Il motore è già in funzione e Gray mi indica che tutto va bene. Mentre assicuro le cinghie, mi guardo intorno, i motori girano, le cartucce d'avviamento suonano, i piloti salgono sui loro aerei....

Siamo solo a una trentina di chilometri dal nostro obiettivo quando una nuvola impenetrabile ci ostruisce il cammino. Fortunatamente, pochi minuti dopo, emergiamo sopra lo stretto di Fehmarn.
La mia cabina, prima piena di nebbia, si schiarisce e mi metto a determinare la mia posizione...

Attenzione, Leader Filmstar!

In una frazione di secondo, l'aria si riempie di un turbine di aerei... - uno spettacolo indimenticabile! In basso, a destra, il grande campo d'aviazione di Grossembrode, con la sua base di idrovolanti e le piste che ronzano di aerei plurimotore e, più lontano, il mare calmo, con alcune navi all'ancora. In aria, circa duecento aerei da combattimento nemici - e noi siamo solo 24!

Ciao, Filmstar, "Yellow" e "Blue" salgono per attaccare i caccia sopra... il "Pink, White e Black" Attaccate i tedeschi qui sotto!

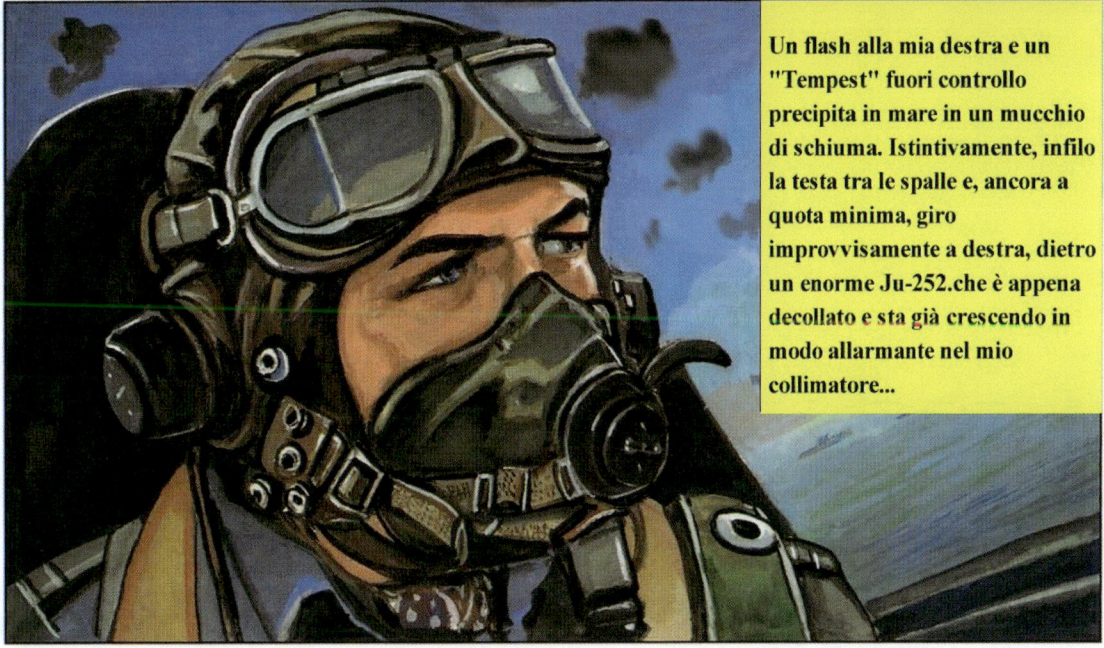

Seguito da vicino dai miei tre compagni, sgancio i miei serbatoi supplementari e faccio una discesa verticale. Siamo accolti da una difesa antiaerea infernale. Raggiungo il bordo del molo a più di 800 km/h. Concentro il mio fuoco su uno dei B&V138, che si inclina, cade in mare e affonda...

Un flash alla mia destra e un "Tempest" fuori controllo precipita in mare in un mucchio di schiuma. Istintivamente, infilo la testa tra le spalle e, ancora a quota minima, giro improvvisamente a destra, dietro un enorme Ju-252.che è appena decollato e sta già crescendo in modo allarmante nel mio collimatore...

Gli sparo una lunga raffica continua fino a quando una collisione sembra imminente, mi sposto di lato appena in tempo. Lo Ju252, con entrambi i motori in fiamme, cade verso il mare, dove esplode. Improvvisamente mi trovo faccia a faccia con tre Dornier Do-24.
Lentamente, ancora fuori dalla portata delle loro mitragliatrici, miro al primo idrovolante, e dopo due due colpi, l'aereo cade in mare. Senza perdere tempo, mi muovo verso gli altri due che cercavano di scappare, e scelgo quello a sinistra, che i miei proiettili distruggono, a circa cento metri.

Fuori portata, salgo a spirale verso l'alto per trovarmi proprio nel mezzo della mischia, che altrimenti comincia a diminuire d'intensità.
Il Tempest "JF-H", pilotato da Bay l'australiano, è in difficoltà. È bloccato in un combattimento con un Messerschmitt che se la cava abilmente e comincia a mettere in seria difficoltà il Tempest...

Sparo verso il 109 e lo prendo di sorpresa, colpendolo con almeno due proiettili all'intersezione dell'ala e della fusoliera...

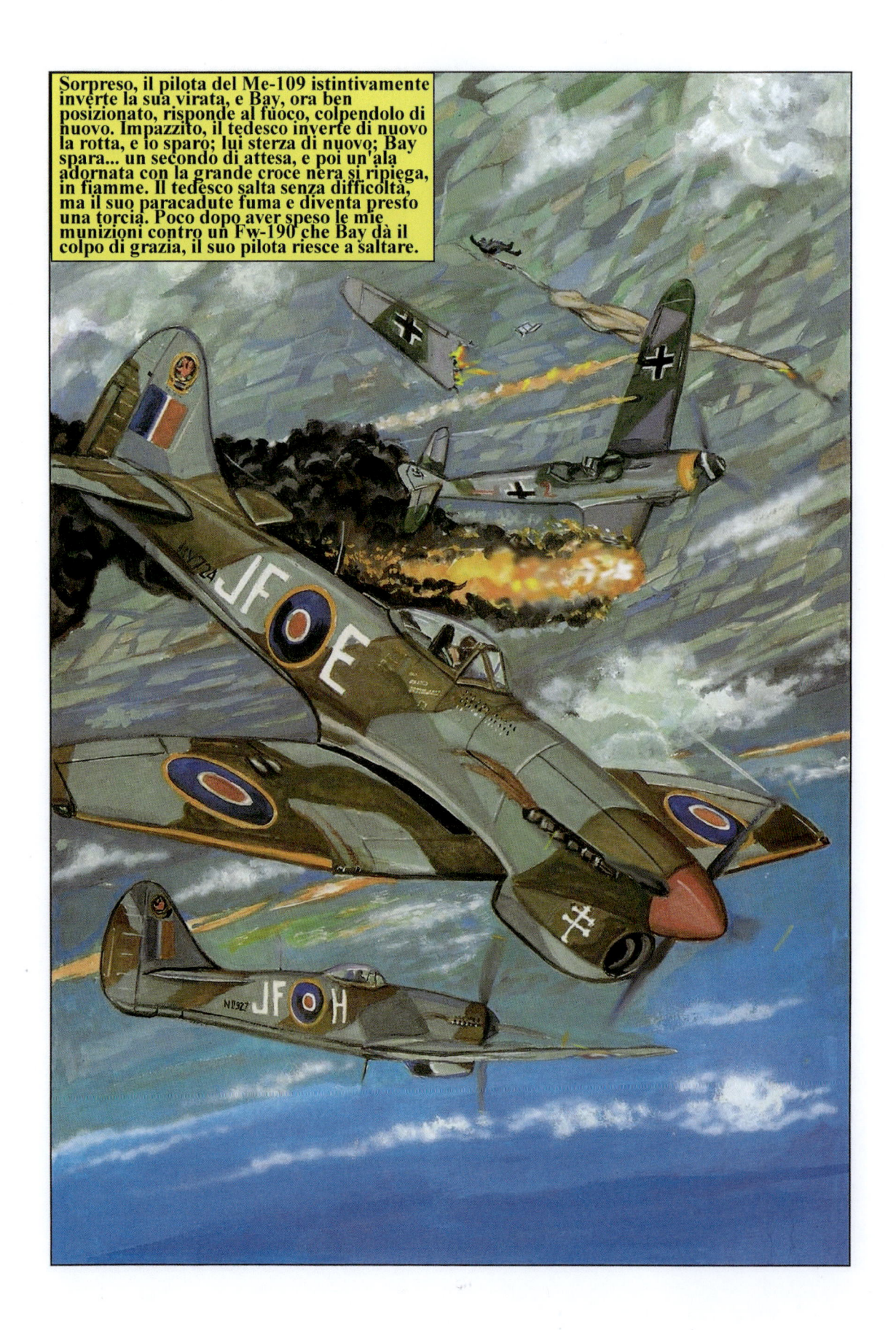

Sorpreso, il pilota del Me-109 istintivamente inverte la sua virata, e Bay, ora ben posizionato, risponde al fuoco, colpendolo di nuovo. Impazzito, il tedesco inverte di nuovo la rotta, e io sparo; lui sterza di nuovo; Bay spara... un secondo di attesa, e poi un'ala adornata con la grande croce nera si ripiega, in fiamme. Il tedesco salta senza difficoltà, ma il suo paracadute fuma e diventa presto una torcia. Poco dopo aver speso le mie munizioni contro un Fw-190 che Bay dà il colpo di grazia, il suo pilota riesce a saltare.

Poi arrivò l'armistizio, come una porta che si chiude. Otto giorni incomprensibili, un misto indefinibile di gioia e tristezza. Stasera, nel bar dei piloti, la serata era straordinariamente funerea. Verso le undici, la B.B.C. trasmise un rapporto dalle strade di Londra e Parigi, dove la folla esuberante diede libero sfogo alla sua gioia. Tutti gli occhi erano puntati sulla radio, e in quegli occhi c'era una sorta di risentimento.

> Passò mezz'ora, forse un'ora. E poi giuro, ho sentito improvvisamente che erano tutti lì, intorno a noi, nella penombra e nel fumo di sigaretta, come bambini tristi che sono stati ingiustamente puniti....

JIMMY KELLY

MOOSE MANSON

RENÉ MOUCHOTTE

MC KENZIE

> McKenzie, Jimmy Kelly, Moose Manson... piccolo Kidd.. Bone... Shepperd... Brooker... Gordon....
> E anche uniformi scure di strisce dorate opache... Mouchotte, Mezillis, Béraud, Pierrot Degail, tutti quelli che partirono una mattina con i loro Spitfire e Tempest e non tornarono più...

> Il 12 maggio ci fu la grande parata aerea a Bremenshaven, e la tragedia, l'atroce schianto di quattro aerei della mia sezione, a meno di trecento metri da terra, il mio paracadute che si apriva a livello del suolo, e i quattro rombi degli aerei schiantati. Poi è arrivato il primo luglio. Il mio carrello di atterraggio è sceso solo a metà e il motore non ha risposto alla mia chiamata disperata, il mio Tempest ha distrutto il rimorchio di controllo. Ho capito che era l'ultimo sforzo, era l'ultimo miracolo, e l'ultimo avvertimento che il destino cominciava a stancarsi.

27 agosto 1945.
Ho presentato la mia richiesta di smobilitazione immediata, che è stata accettata.
Questa mattina ho detto addio a Brohadurst e alla R.A.F.
Mackie, il neozelandese, prenderà il comando di Wing122.

Per il mio trasferimento al quartier generale dello Schleswig, volevo volare sul Big Charles per l'ultima volta...

E sulla via del ritorno, salii in alto con lui nel cielo estivo senza nuvole, perché solo lì avrei potuto dirgli addio.
Insieme siamo saliti un'ultima volta verso il sole. Abbiamo fatto un giro, forse due, alcuni giri molto lenti, attenti, amorevoli, in modo che potessi sentire nelle mie dita le vibrazioni delle sue obbedienti, morbide ali.
E dentro il suo stretto abitacolo, ho pianto come non piangerò mai più in vita mia, quando ho sentito il cemento della pista sfregare contro le sue ruote, e con un grande gesto del pollice, l'ho posato a terra, come un fiore appena reciso...

Sono seduto accanto al pilota del Mitchell che mi porta a Parigi. Mentre decolla, passa davanti agli aerei Wing.
I mìei Tempest impeccabilmente allineati ala per ala come per una rivista. Un po' a lato, il mio "Grand Charles", il mio vecchio JF-E con il mozzo dell'elica dipinto di rosso, con la sua enorme elica che non farò mai più girare.

È tutto finito, non vedrò più i miei Tempest allineati dietro il Grand Charles per le sortite, impacciati sulle loro grosse gambe, tendendo le loro ganasce da radiatore aperte al vento delle loro eliche, le facce fiduciose dei piloti che si sporgono dai loro cockpit, aspettando il mio segnale. Ma mi riempio di orgoglio quando penso a voi, ai miei aerei, e soprattutto a voi, miei cari amici della R.A.F. che ho avuto il privilegio di conoscere e amare, nelle vostre uniformi del colore delle nebbie d'Inghilterra....

Il Grande Circo se n'è andato. Il pubblico è stato soddisfatto. Il programma era abbastanza vario, gli attori non erano male, e i leoni hanno divorato il domatore.
Forse se ne parlerà in famiglia per qualche altro giorno. E anche quando tutto sarà dimenticato, la fanfara, i fuochi d'artificio e le uniformi colorate, nella piazza del paese ci sarà l'alone di segatura e i buchi dei pali.
La pioggia e l'oblio cancelleranno presto le loro tracce...

I miei compagni sopravvissuti del Grande Circo non hanno capito, nemmeno io, e questo sarà la nostra unica ricompensa.

"Siamo oggetti dell'incoerenza generale... siamo parti di una grande costruzione il cui insieme può essere scoperto solo con più tempo, più silenzio e più senno di poi".
A.de Saint-Exupéry
("Pilota di guerra")

FINE

PIERRE CLOSTERMANN

Printed by Amazon Italia Logistica S.r.l.
Torrazza Piemonte (TO), Italy